Les jeunes étoiles

Les jeunes étoiles DU GOLF

COLLECTION CRABTREE « LES JEUNES PLANTES »

Taylor Farley

Crabtree Publishing
crabtreebooks.com

Allons au **terrain de golf**!

Nous aurons besoin de bâtons et de balles de golf.

bâtons de golf

tee

Je vais frapper le premier **coup de départ**.

Je me tiens les pieds écartés.

J’utilise mes deux mains et je frappe en faisant un arc de cercle avec mon bâton.

R11

Je frappe fort la balle dans **l'allée**.

Nous utilisons une voiturette de golf dans l’allée.

Je mets ma balle sur **le vert** en quatre **coups**.

Ma balle est proche du trou.

Je fais un **roulé** en
frappant ma balle
doucement –
elle rentre!

Glossaire

allée (a-lé) : L'allée est le gazon ras entre le tertre de départ et le vert.

coup de départ (cou de dé-par) : Pour débuter la partie, on exécute le coup de départ en frappant la balle sur le tee.

coups (cou) : Les coups sont toutes les frappes sur la balle de golf.

roulé (rou-lé) : Un roulé est un coup fait en tapant sur la balle, pas trop fort.

terrain de golf (ter-in de golf) : Un terrain de golf est la surface où l'on joue au golf. Un parcours de golf est composé de 9 ou 18 trous.

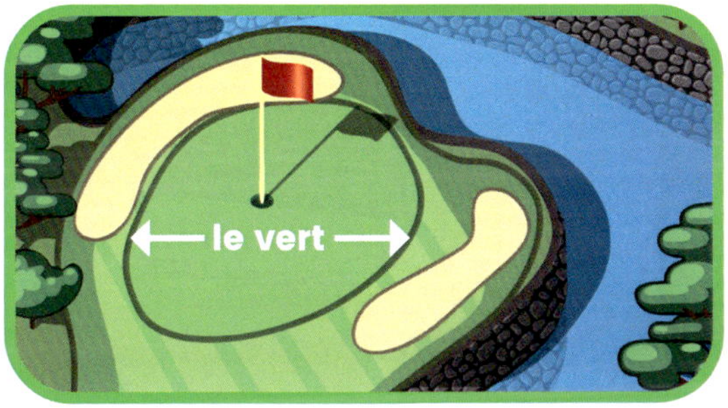

(le) vert (ver) : Le vert est la zone autour du trou.

Index

Soutien de l'école à la maison pour les gardien(ne)s et les enseignant(e)s.

Ce livre aide les enfants à se développer grâce à la pratique de la lecture. Voici quelques exemples de questions pour aider le(a) lecteur(-trice) à développer ses capacités de compréhension. Des suggestions de réponses sont indiquées.

Avant la lecture

- **Quel est le sujet de ce livre?** Je pense que ce livre parle de jouer au golf. Il pourrait nous dire comment les enfants apprennent à jouer au golf.
- **Qu'est-ce que je veux savoir sur ce sujet?** Je veux savoir comment les golfeurs frappent la balle.

Durant la lecture

- **Je me demande pourquoi...** Je me demande pourquoi le golfeur se tient les pieds écartés.
- **Qu'est-ce que j'ai appris jusqu'à présent?** J'ai appris qu'un golfeur utilise ses deux mains et fait un arc de cercle avec le bâton de golf quand il frappe la balle.

Après la lecture

- **Nomme quelques détails que tu as retenus.** J'ai appris que le terrain de golf a différentes sections, telles que l'allée, le vert et le trou.
- **Écris les mots peu familiers et pose des questions pour mieux comprendre leur signification.** Je vois le mot *coups* à la page 17 et le mot *roulé* à la page 20. Les autres mots de vocabulaire se trouvent aux pages 22 et 23.

Crabtree Publishing

crabtreebooks.com 800-387-7650

Version imprimée du livre produite conjointement avec Blue Door Education en 2021.

Auteur : Taylor Farley
Traduction : Claire Savard

Hardcover	978-1-4271-5025-7
Paperback	978-1-4271-3667-1
Ebook (pdf)	978-1-4271-3735-7
Epub	978-1-4271-5007-3
Read-along	978-1-0398-0399-2
Audio book	978-1-4271-4989-3

Imprimé au Canada/122023/CP20231211

Publié au Canada par Crabtree Publishing
616 Welland Avenue
St. Catharines, Ontario
L2M 5V6

Publié aux États-Unis par Crabtree Publishing
347 Fifth Avenue
Suite 1402-145
New York, NY 10016

Crédits photos : Couverture © Olimpik; p. 2-3 © sunday hill; p. 5 © SARAPON; p. 6 © KK Tan; p. 8, 11 et 13 © Phil's Mommy; p. 14 et 16 © Dasha Petrenko; p. 19 © Mr.Somchai Sukkasem; p. 21 © Click Images; p. 22-23 deux photos du haut © i am way, p 22 photo du bas © Lapina; p. 23 photo du bas © Olimpik. Toutes les images de Shutterstock.com

Catalogage avant publication de Bibliothèque et Archives Canada
Titre: Les jeunes étoiles du golf / Taylor Farley.
Autres titres: Little stars golf. Français. | Du golf
Noms: Farley, Taylor, auteur.
Description: Mention de collection: Les jeunes étoiles | Collection Crabtree "Les jeunes plantes" | Traduction de : Little stars golf. | Traduction : Claire Savard. | Comprend un index.
Identifiants: Canadiana (livre imprimé) 20210160543 | Canadiana (livre numérique) 20210160551 | ISBN 9781427136671 (couverture souple) | ISBN 9781427137357 (HTML) | ISBN 9781427150073 (EPUB)
Vedettes-matière: RVM: Golf—Ouvrages pour la jeunesse.
Classification: LCC GV968 .F3714 2021 | CDD j796.352—dc23